Jochen Schuppener
Christine Schuppener

30 Minuten

Rückkehr aus dem Ausland

Bibliografische Information Der Deutschen Bibliothek

Die Deutsche Bibliothek verzeichnet diese Publikation in der Deutschen Nationalbibliografie; detaillierte bibliografische Daten sind im Internet über http://dnb.ddb.de abrufbar.

Wird empfohlen von

N24

Umschlag und Layout: die imprimatur, Hainburg
Titelbild: fotolia.com
Grafiken: Daniel Zabel, www.smartart24.de
Lektorat: Friederike Mannsperger, Offenbach
Satz: Zerosoft, Timisoara, Rumänien
Druck und Verarbeitung: Salzland Druck, Staßfurt

Hinweis:
Das Buch ist sorgfältig erarbeitet worden. Dennoch erfolgen alle Angaben ohne Gewähr. Weder Autor noch Verlag können für eventuelle Nachteile oder Schäden, die aus den im Buch gemachten Hinweisen resultieren, eine Haftung übernehmen.

Printed in Germany

ISBN 978-3-86936-073-7

In 30 Minuten wissen Sie mehr!

Dieses Buch ist so konzipiert, dass Sie in kurzer Zeit prägnante und fundierte Informationen aufnehmen können. Mithilfe eines Leitsystems werden Sie durch das Buch geführt. Es erlaubt Ihnen, innerhalb Ihres persönlichen Zeitkontingents (von 10 bis 30 Minuten) das Wesentliche zu erfassen.

Kurze Lesezeit

In 30 Minuten können Sie das ganze Buch lesen. Wenn Sie weniger Zeit haben, lesen Sie gezielt nur die Stellen, die für Sie wichtige Informationen beinhalten.

- Alle wichtigen Informationen sind blau gedruckt.

- Schlüsselfragen mit Seitenverweisen zu Beginn eines jeden Kapitels erlauben eine schnelle Orientierung: Sie blättern direkt auf die Seite, die Ihre Wissenslücke schließt.

- *Zahlreiche Zusammenfassungen innerhalb der Kapitel erlauben das schnelle Querlesen. Sie sind blau gedruckt und zusätzlich durch ein Uhrsymbol gekennzeichnet, sodass sie leicht zu finden sind.*

- Ein Register erleichtert das Nachschlagen.

Inhalt

Vorwort

Wenn nach vielen intensiven Jahren im Ausland die Rückkehr in die Heimat ansteht, denken sich viele: „Kein Problem, da kenne ich mich ja aus. Das wird recht einfach sein, nicht wie bei der Ausreise, als ich von Tuten und Blasen keine Ahnung hatte."

Die Wiedereingliederung von Auslandsrückkehrern ist für viele Firmen und Organisationen ein Problem. Firmen verlieren bis zu 40 % ihrer Rückkehrer innerhalb der ersten 12 Monate. Während die meisten Firmen Trainings zur Vorbereitung auf den Auslandsaufenthalt anbieten, sucht man entsprechende Wiedereingliederungsprogramme meist vergeblich.

Süddeutsche Zeitung, 5./6. Januar 2008

Bezeichnend für die Dynamik der Rückkehr ist ein Gefühl der Entfremdung, des sich verloren und am falschen Platz Fühlens. Meist tauchen schon bald nach der anfänglichen Freude über die Rückkehr in die vermeintlich vertraute Heimat Fragen auf:

- Wie finde wieder meinen Platz in Beruf und Gesellschaft?
- Was brauche ich jetzt, was mein Partner und evtl. unsere Kinder?
- Versteht mich hier irgendjemand?

Eine gute Rückkehr fängt schon vor der Rückkehr an. Wer sich hier rechtzeitig Gedanken macht, legt das beste Fundament für eine gelingende Rückkehr und Re-Integration.

Darüber hinaus können die in einem Auslandseinsatz gemachten Erlebnisse und Erfahrungen das eigene Leben und die Zukunft bereichern, neue Perspektiven wecken und Energien freisetzen. Das geschieht aber nicht automatisch.

In diesem Buch gewinnen Sie Einsichten in die Dynamiken der Rückkehr und finden jede Menge Tipps und praktische Ideen zur erfolgreichen Re-Integration.

80 Prozent aller Entsandten gehen mit ihrem Partner ins Ausland, über 60 Prozent haben außerdem Kinder dabei. Deshalb beziehen sich viele unserer Tipps und Anregungen auch auf die Partnerschaft und die Kinder.

Viel Spaß beim Lesen, Nachdenken und Umsetzen.

Jochen und Christine Schuppener

1. Abschied – der richtige Zeitpunkt

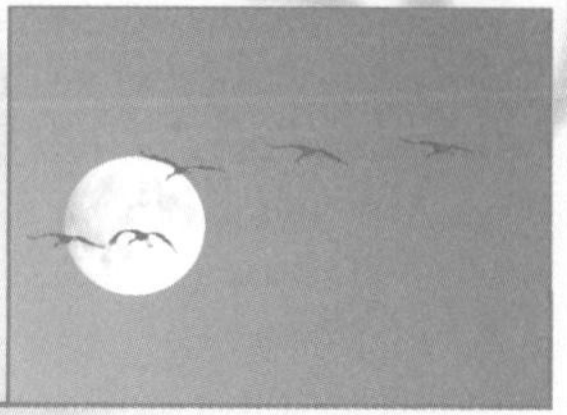

Im Ausland zu Hause! Das hört sich richtig gut an. Nach anfänglichen Unsicherheiten über die kulturellen Dos und Don'ts haben Sie gut reingefunden. Sie kennen sich aus in „Ihrem" Land. Klar, ab und zu treten Sie noch in das ein oder andere Fettnäpfchen, aber das gehört dazu. Sie haben die fremdartige Kultur schätzen gelernt, wissen, wo es was gibt, und mit der Sprache haben Sie sich ebenfalls angefreundet. Es fühlt sich alles bekannt – irgendwie heimisch – an.

1.1 Lohnt sich Auslandserfahrung wirklich?

Auslandserfahrung lohnt sich. Studien belegen, dass Auslandserfahrung einen positiven Effekt hat.
Das gilt für alle Beteiligten: Für Sie selbst, Ihren mit ausgereisten Partner und die Kinder, falls vorhanden. Letztere sind bei 60 Prozent der Entsandten dabei. Daher werden wir in diesem Buch auch immer wieder Bezug auf Familien nehmen.

Die Vorteile der Auslandserfahrung

- Eine positive Persönlichkeitsentwicklung
- Größere Mobilität
- Anpassungsfähigkeit an neue Situationen und Menschen
- Gute Beobachtungsfähigkeit
- Zuversicht und Optimismus
- Die Fähigkeit, schnell tiefe Beziehungen zu entwickeln
- Ein großes internationales Beziehungsnetzwerk
- Sprachkenntnisse
- Weltperspektive – das Wissen, dass die Welt nicht am Gartenzaun aufhört
- Kulturübergreifender Reichtum – viel über und von Menschen anderer Kulturen lernen

Und nun soll es wieder zurück in die „Heimat“ gehen. Gemischte Gedanken, Gefühle, Hoffnungen, vielleicht auch Sorgen und Ängste beginnen Sie zu überkommen.

Wie integriert sind Sie?
Ihr Leben findet nicht nur zufällig und mehr schlecht als recht im Ausland statt. Sie leben tatsächlich dort. Sie haben zunächst grundlegende Veränderungen erlebt. Erst mal mussten Sie lernen, ein tägliches berufliches Pflichtprogramm zu erledigen. Einen guten Rhythmus zu finden war nicht ganz einfach. Herauszufinden, wie und wo Sie sich mit Ihren Fähigkeiten einbringen können, war eine weitere Herausforderung: Würden Sie wohl Freunde finden? Wie würden Sie mit den einheimischen Kollegen angesichts der Sprachbarriere klarkommen? Nun, nach einiger Zeit, können Sie sagen, dass Sie neben manch Herausforderndem schon viel Positives erlebt haben. Dazu gehört hoffentlich:

- Sie sind von den einheimischen Kollegen akzeptiert und fühlen sich meist wohl mit Ihrer Arbeit.
- Sie freuen sich über Ihr „Zuhause“.
- Mit dem anderen Klima kommen Sie gut zurecht, wenn auch manchmal mit Mühe.
- Ihre Kinder sind voll integriert in den Schulen.
- Zu Haushaltshilfen (falls vorhanden) hat sich ein freundliches Verhältnis entwickelt.
- Es gibt viele Kontakte und Einladungen von anderen Expats und Einheimischen.
- Im Garten steht eine eigene Kokospalme.

Einen Lebensabschnitt in einer anderen Kultur zu verbringen ist eine Bereicherung und ein Privileg. Die erfolgreiche Integration in eine andere Kultur macht Sie flexibel, tolerant und weitblickender.

1.2 Der richtige Zeitpunkt für einen Umzug

Was gibt es zu bedenken bezüglich der Rückkehr in das Heimatland? Was kann uns in dieser Phase unterstützen? Umzugszeiten sind Chaoszeiten, das wissen Sie. Koffer, Kisten, Krach, Kinder außer Kontrolle? Das ist das eine. Darüber hinaus befinden sich unsere Emotionen häufig ebenfalls im Chaos. Manche reden von einem lachenden und einem weinenden Auge. Wie kann man das zusammenbringen? Meist liegen dann irgendwann unsere Nerven blank. Wir sind echt gestresst.

Wann sind Umzüge besonders stressig, wann weniger? Wann sind Umzüge zu empfehlen und wann nicht?

Ein paar Fragen, die Sie sich stellen sollten

1. Wie oft bin ich/sind wir schon umgezogen?
2. Was hat mich/uns am meisten in dieser Phase angestrengt und gestresst?
3. Was hat mir/uns dann gutgetan?
4. Was hilft mir, zur Ruhe zu kommen im Chaos?
5. Zu welcher Jahreszeit fällt mir der Umzug am leichtesten? Wann am schwersten?
6. Wenn Sie einen Partner haben: Sind beide Partner für den Umzug?

Zu bedenken ist auch die Dauer des Auslandseinsatzes. Wie lange wollten oder sollten Sie überhaupt im Ausland bleiben? Je länger Sie im Ausland sind, desto größer sind die Herausforderungen bei der Rückkehr. Arbeitsmethoden und technische Hilfsmittel verändern sich. Das gilt auch bei einer Rückkehr ins eigene Unternehmen. Firmenhierarchien verändern sich: Der frühere Kollege ist inzwischen aufgestiegen und wird dann Ihr Vorgesetzter. Die Firmenleitung hat gewechselt. Der neue Boss legt einen ganz anderen Führungsstil an den Tag.

Der richtige Zeitpunkt für einen Umzug will bedacht werden. Nicht immer haben wir die Möglichkeit, ihn selbst zu bestimmen. Aber wir können vorausplanen und aktiv Einfluss darauf nehmen, dass er gelingt, indem wir uns die richtigen Fragen stellen.

1.3 Partnerschaft und Kinder im Abschied

Ordnungsgewissen bei Kleinkindern

Im Alter von zwei bis drei Jahren entwickeln Kinder in der Regel einen Sinn für Ordnung. Sie lernen, wo die Schuhe normalerweise stehen, wo sich die Gläser befinden, wo die Kleider hingehören und dass man die Türe schließt. Sie merken sich Tagesabläufe und entwickeln eine Routine, ein Gespür für die richtige Reihenfolge und Ordnung. Das ist ein wichtiges Fundament, um im späteren Leben strukturiert handeln zu können. In Umzugszeiten geht Ihnen als Erwachsenem normalerweise die Routine abhanden. Die Tagesabläufe sind anders, Sie suchen selbst nach

Geschirr, Kleidern und Schuhen. Da können Sie auch Ihren Kindern kaum Routine bieten.

Tipp
Versuchen Sie, so lange wie möglich vor dem Umzug die Routine zu erhalten und so schnell wie möglich nach dem Umzug eine Routine zu entwickeln.

Identitätskrisen bei Jugendlichen

Psychologen haben beobachtet, dass es bei Umzügen mit Jugendlichen häufig zu Depressionen in dieser Altersgruppe kommt. Gerade in diesem Alter findet eine Loslösung vom Elternhaus und eine Identitätssuche statt. Die Werte und Normen in der Gesellschaft helfen dem Jugendlichen dabei, herauszufinden, wer er ist. Findet in dieser Phase ein Umzug von einer Kultur in eine andere statt, führt das häufig zu Verwirrung und Identitätsstörungen. Damit sind viele Jugendliche überfordert. Rückzug und Ablehnung sind die Folgen, die zu Depressionen führen können.

Relevante Fragen bei Abschieden mit Kindern

1. Wie oft ist unser Kind schon umgezogen? Wie hat es darauf reagiert?
2. In welcher Lebensphase unseres Kindes sind wir umgezogen?
3. Auf welchem Gebiet des Lebens ist unser Kind gegenwärtig am Rudern?
4. Kennen wir andere Menschen mit ähnlichen Erfahrungen, zum Erfahrungsaustausch?
5. Was hilft unserem Kind in Stress und Chaos?
6. Welche Überlegungen müssen wir hinsichtlich der Schul- und Berufsausbildung anstellen?
7. Die letzten beiden Schuljahre sind normalerweise ein schlechter Zeitpunkt für den Umzug.
8. Wie wird sich der Umzug auf unterstützende Strukturen auswirken?

Jugendliche an Entscheidungen beteiligen
Beteiligen Sie besonders ältere Kinder und Jugendliche an Entscheidungen. Wenn Sie das berücksichtigen, können sich Ihre Kinder besser mit Ihrer Entscheidung identifizieren und diese mittragen. Auch wenn es sie viel kostet. Von entscheidender Bedeutung in dieser Phase ist, wie Sie als Eltern miteinander klarkommen.

Partnerschaft für den Umzug stark machen
Für Kinder gibt es wohl nichts Wichtigeres als die Beziehung der Eltern zueinander. Ihre Kinder sind mit sehr vielen Herausforderungen konfrontiert. Wenn sie wissen, dass Sie als Eltern sich lieben, miteinander durch dick und dünn gehen und mit Konflikten auf gesunde Weise umgehen, dann wird das den Kindern sehr helfen, mit den vielfältigen Herausforderungen umzugehen.

Miteinander: das Zünglein an der Waage
Das Miteinander in der Partnerschaft ist auch für Sie ein Zünglein an der Waage. Jeder von Ihnen ist total gefordert, oft gestresst, nicht selten am Limit. Je stabiler Ihre Beziehung ist, desto besser können Sie mit den Herausforderungen umgehen. Das geschieht jedoch nicht von selbst.

Fragen, die Sie sich als Paar stellen dürfen
1. Wie gut ist unsere Kommunikation?
2. Haben wir Zeiten nur für unsere Beziehung?
3. Wie lösen wir Konflikte?
4. Fällt es uns schwer, einander zu vergeben?
5. Erleben wir eine erfüllte Sexualität miteinander? Was könnten wir tun?

6. Können wir einander unsere Liebe so zum Ausdruck bringen, dass der andere sich wirklich geliebt fühlt?
7. Können wir einen Bereich nennen, der uns zu größerer Vertrautheit verhelfen könnte?
8. Wie müssen die äußeren Umstände aussehen, damit wir frei sind, uns ganz ehrlich einander mitzuteilen?

Gute Kommunikation mit allen Beteiligten ist der Schlüssel zum erfolgreichen Umzug. Je besser und vertrauter die Beziehungen innerhalb der Partnerschaft und Familie sind, desto besser werden Sie den Umzug meistern. Schaffen Sie vor dem Umzug Zeiträume, um Ihre Beziehungen zu stärken.

1.4 Den Abschied feiern

Jetzt gehen Sie zurück in die Heimat. Ein Zeitpunkt für die Abreise steht fest, Ihre Zeit hier geht zu Ende. Das ist es wert, gebührend gefeiert zu werden. Damit Sie den Abschied auch genießen können, sollten Sie vorher einiges beachten.

Die RAFT-Strategie

„Raft“ ist die englische Bezeichnung für „Floß“. Ein Floß dient dazu, einen Fluss herunterzufahren. Die Rückkehr aus dem Ausland kann mit einer Flussfahrt verglichen werden. Damit das Floß den Fluss herunterkommt, muss es stabil gebaut werden. Die sogenannte RAFT-Strategie unterstützt Sie im Abschiedsprozess.

R – Reconciliation = Versöhnung/Wiederherstellung
A – Affirmation = Bestätigung/Wertschätzung
F – Farewells = Abschiede
T – Think Destination = Zieldenken

R – Reconciliation = Versöhnung/Wiederherstellung
Das Leben im Ausland bringt auch Missverständnisse mit Kollegen oder Einheimischen mit sich. Manchmal führt das dazu, dass Sie vielleicht nicht mehr miteinander reden oder einander aus dem Weg gehen. Vielleicht denken Sie: „Ach, ich geh sowieso weg und sehe den dann nicht mehr." Das stimmt zwar, allerdings kann eine solche Missstimmung einen bitteren Nachgeschmack zurücklassen, auch wenn Sie dann Tausende von Kilometern entfernt sind. Wie wäre es, wenn Sie noch einen Versuch unternehmen, aufeinander zuzugehen? Versöhnung ist ein erster, sehr wichtiger „Stamm", um den Fluss des Abschiedes hinunterzufahren.

A – Affirmation = Bestätigung + Wertschätzung

Bestätigung und Wertschätzung bedeuten, dass Sie Ihre Dankbarkeit für das Erlebte ausdrücken. Manche Dinge haben Ihnen nicht so gefallen. Dennoch sind sie Gelegenheiten gewesen, Wertvolles zu lernen. Somit wird die Abschiedsfeier, bei allem noch so berechtigten Abschiedsschmerz, nicht ausschließlich zu einer Trauerfeier. Das ist für Sie als Erwachsener ebenso wichtig wie für mit ausgereiste Kinder. Als Eltern können und dürfen Sie hier Ihren Kindern Vorbild sein. Dankbarkeit, Bestätigung, Wertschätzung kann man auch als „Loben" bezeichnen. Und: „Loben hebt nach oben", heißt es in einem Sprichwort. Das ist ein zweiter wichtiger Baustein.

F – Farewells = Abschiede

Abschied bedeutet, auf gute und gesunde Weise „Tschüss" zu sagen, zu Menschen, Tieren und Orten. Von manchen Dingen, Orten oder Menschen möchten Sie sich ganz still und alleine verabschieden. Von anderen Dingen lieber lauter. Wenn das „Auf-Wiedersehen-Sagen" nicht auf angebrachte Weise stattfindet – das gilt für Sie als Erwachsener genauso wie für Ihre Kinder –, dann bleibt in Ihnen ein Geschmack der Unvollständigkeit zurück.

Tipp

Erstellen Sie acht Wochen vor der Ausreise eine Liste von Leuten, mit denen Sie noch Zeit verbringen möchten. Machen Sie Fotos von Tieren und Orten, die Ihnen wichtig sind. Gute Abschiedsrituale sind fundamental für ein stabiles RAFT und eine gelungene Abschiedsfeier.

Unfreiwilliger Abschied

Falls Sie den Einsatzort sehr plötzlich verlassen mussten – vielleicht aufgrund politischer Umstände, der Sicherheitslage, Visa-Schwierigkeiten o. Ä. –, dann ist das emotional sehr anstrengend für Sie. Wenn Sie dann den Wunsch verspüren, zu einem späteren Zeitpunkt noch einmal wiederzukommen, sollten Sie dies wenn möglich auch tun. Es kann auch angebracht sein, mit professioneller Unterstützung die Situation in einem Debriefing emotional aufzuarbeiten.

T – Think Destination = Zieldenken

Wenn Sie sich realistische Gedanken darüber gemacht haben, was Sie flussabwärts, zurück in der „Heimat", erwartet, können Sie die Floßfahrt gelöster antreten. Viele Menschen tragen bei der Rückkehr in die Heimat eine rosarote Brille. Sie haben häufig romantische Erinnerungen an das Leben vor der Ausreise. Den Kindern werden viele Geschichten über die tollen Möglichkeiten erzählt. Das hat auch seine Berechtigung. Übersehen Sie dabei aber nicht, dass die „Heimat" nicht mehr die gleiche ist wie vor der Ausreise.

Schnell kann es nach der Rückkehr zur Desillusionierung kommen, wenn Sie nicht eine gewisse Nüchternheit walten lassen. Eine gute Vorbereitung hilft Ihnen dabei, eine solche Haltung zu gewinnen. Manche Unternehmen und Organisationen ermöglichen einen „Heimataufenthalt" vor der eigentlichen Rückkehr. Das ist eine sehr schöne Gelegenheit, sich vorab umzuschauen. Ein „Schnuppertag" in der neuen Schule oder dem Kindergarten kann auch für die Kinder sehr hilfreich sein.

Tipp
Beobachten Sie, welche Kleidung die Menschen tragen, wie sie sprechen und miteinander umgehen, welche Fernsehsendungen gerade populär sind. Setzen Sie sich mit Ihrem Partner und evtl. mit den Kindern in die Einkaufszone und machen Sie ein Beobachtungsspiel. Nutzen Sie die Möglichkeiten des Internets, um sich zu informieren. Diese Überlegungen sowie die Fragen am Anfang dieses Kapitels helfen Ihnen, auch den letzten Baumstamm Ihres Floßes ins Wasser zu lassen.

Praktische Tipps für die Abschiedsfeier
Jetzt geht es an die praktische Planung der Abschiedsfeier. Machen Sie sich rechtzeitig Gedanken über die W-Fragen: Wer?, Wo?, Was? usw.

Wenn Sie die Namenliste ca. ein bis zwei Monate vorher erstellen, fällt Ihnen auf, mit welchem der Gäste Sie vielleicht noch mehr Zeit verbringen oder etwas Besonderes unternehmen möchten. Bei der Party selbst bleibt für längere Einzelgespräche selten viel Zeit. Nun noch ein paar weitere praktische Tipps:

Erinnerungsalbum
- Bitten Sie um persönliche Beiträge (vielleicht eine lustige, spannende oder schöne Begebenheit mit Ihnen).
- Machen Sie von jedem Gast ein Foto.
- Kleben Sie Foto und Geschichte später zusammen in ein Album.

„Potluckdinner“
- Themen-Essen können eine prima Idee sein.
- Beim „Potluck“ bringt jeder etwas mit.
- Bitte bei der Auswahl der Speisen auf religiöse Überzeugungen achten.

Geschenke

- Gutscheine für Besuche, Päckchen mit selbst gebackenen Weihnachtskeksen ...
- Welche weiteren Ideen haben Sie?

Ballons

In Südostasien gibt es sogenannte „Himmelsballons“, an anderen Orten nimmt man Gasballons, an denen man Gedanken des Dankes, gute Wünsche o. Ä. befestigt, bevor man sie steigen lässt.

Musik und Tanz

Haben Sie einheimische Tänze erlernt? Das darf dann zum Abschied nicht fehlen. Als Träger von Emotionen und Gefühlen sind Musik und Tanz zudem ein tolles Werkzeug, um uns im Abschied zu unterstützen.

Abschiedsrede

In einer Abschiedsrede haben Sie eine gute Gelegenheit, noch einmal Danke zu sagen. Lassen Sie diese Gelegenheit nicht ungenutzt.

Die Erinnerung an den Auslandseinsatz hängt maßgeblich vom Abschied ab. Nehmen Sie sich Zeit dafür. Schließen Sie gut und sauber ab, auf allen Ebenen, im Job genauso wie privat.

1.5 Was ist normal im Abschiedsprozess?

Sobald Sie sich dazu entschlossen haben, die Zeit im Ausland zu beenden, fangen Sie an, sich innerlich zu distanzieren. Das ist eine ganz natürliche Reaktion.

Mental den Koffer schon gepackt

„Mental habe ich meinen Koffer schon gepackt." Das beschreibt gut, was emotional passiert, auch wenn es noch drei oder vier Monate bis zum eigentlichen Kofferpacken hin sind.

Auf Distanz gehen

Ein Distanzieren schützt Sie ein Stück weit vor Verletzungen. Es macht Ihnen in gewisser Weise den eigentlichen Abschied leichter. Aber das ist nur die halbe Wahrheit. Denn gleichzeitig ist es so, dass auch Ihre Kollegen, Freunde, Nachbarn oder die Klassenkameraden der Kinder beginnen, Abstand von Ihnen zu nehmen. Und das tut meist weh. Machen Sie sich bewusst, dass das Abstandnehmen der Freunde und Kollegen nicht persönlich gemeint ist.

Sie sind nicht mehr gefragt

Warum ist das so? Gestern noch waren Sie beste Freunde, kamen glänzend miteinander aus, und jetzt sind die anderen auf einmal so kühl zu Ihnen. „Du gehst ja sowieso", sagen sie vielleicht, oder sie sagen gar nichts. Sie merken nur, dass die Menschen weniger mit Ihnen zu tun haben wollen. Sie sind bei Entscheidungen nicht mehr gefragt, weil die Kollegen später die Konsequenzen tragen müssen. Sie hören vielleicht, wie Freunde der Kinder untereinander reden: „Mit der spielen wir jetzt nicht mehr, die geht ja sowieso." Und das, obwohl Sie vielleicht noch drei Monate vor Ort sein werden. Das ist schwierig und trifft uns manchmal sehr hart.

Den Abschied erleichtern

Genauso wie Sie anfangen, sich zu verabschieden und die Verbindungen lockern, damit der eigentliche Abschied nicht so schwer ist, lockern auch Ihre Kollegen die Verbindung zu Ihnen. Für Sie ist es wichtig, schon an die Zeit danach zu denken, sich Fragen zu stellen, was kommen wird, wo Sie arbeiten werden, wie die Schule, der Wohnort etc. sein werden. Auch Ihre Kollegen müssen weiterdenken, an das, was nach Ihrem Weggang geschehen muss und kann. Das ist normal. Wo das nicht der Fall ist, tritt häufig das Gegenteil ein: das Verleugnen des bevorstehenden Abschiedes.

Auf Distanz gehen und ausschließen sowie ausgeschlossen werden ist ein normaler und wichtiger Aspekt des Abschiednehmens, auch wenn es unangenehm ist. Seien Sie darauf gefasst.

1.6 Sich falsch verabschieden

Vielleicht sind Sie so eng mit den Menschen und dem Ort verwachsen, dass Sie gar nicht weg wollen. Doch Ihr Unternehmen/Ihre Organisation hat entschieden, dass Sie gehen müssen.

Sie lieben es ...
Es mag sich für andere merkwürdig anhören, aber Sie lieben vielleicht einfach alles an der Wahlheimat, sogar die Verkehrsstaus und die Unpünktlichkeit der Menschen. Sie lieben, dass den Einheimischen Beziehungen viel wichtiger sind als das pünktliche Erfüllen von Aufgaben. Ihre Kinder fühlen sich wohl in der Auslandsschule. Sie haben ihren Weg gemacht. Sie haben sich integriert, haben Freunde gefunden. Sie selbst oder einer Ihrer Angehörigen wollen nicht zurück in das Land, das einst Ihre Heimat war.

Die Heimat der Eltern
Wenn die Heimat nur die Heimat der Eltern und nicht die eigene ist, wollen Ihre Kinder mit hoher Wahrscheinlichkeit nicht wegziehen. Sie weigern sich, sich zu verabschieden. Sie ignorieren innerlich die Entscheidung und leben so weiter wie bisher, manchmal noch intensiver. Wenn es dann so weit ist, dass der Abschied tatsächlich stattfindet, fließen am Flughafen viele Tränen und sie fallen in ein emotionales Loch.

Verleugnung des Abschiedes
Auch Sie selbst neigen vielleicht dazu, den Abschied zu verleugnen. Die Landung in der „Heimat“ kann dann zu

einer Bauchlandung werden. Genauso wie Sie sich zuvor geweigert haben, einzugestehen: „Meine Zeit hier geht zu Ende“, weigern Sie sich nun, zu sagen: „Jetzt bin ich hier, wieder in der Heimat.“ Wenn Sie den Abschied verleugnen, verleugnen Sie wahrscheinlich auch die Ankunft in der „Heimat.“ Es sei denn, es findet eine Transformation im Flugzeug statt. Es gelingt aber nur den wenigsten Menschen, bis zum letzten Tag zu 100 Prozent im Gastland zu sein, im Flugzeug dann den Schalter umzulegen und sofort nach der Landung zu 100 Prozent in der „Heimat“ zu sein. Schließlich führt die mentale Einstellung der Verleugnung zu Ablehnung, Groll, Traurigkeit und Schuld. Sie werden zustimmen, das sind keine guten Voraussetzungen für einen guten Start in der neuen alten „Heimat“.

Wenn Sie den Abschied verleugnen, verleugnen Sie wahrscheinlich auch die Ankunft in der „Heimat“. Abschied ist kein angenehmer Prozess, aber ein sehr wichtiger Schritt. Diesen sollten Sie sehr bewusst gehen, nicht nur körperlich.

Auslandserfahrung lohnt sich wirklich. Wir erwerben im Ausland nicht nur berufliche Qualifikationen, sondern erleben einen Zuwachs an Toleranz, Flexibilität und Weitblick.

- *Der Zeitpunkt für eine Rückkehr sollte umfassend bedacht werden.*
- *Gute Kommunikation mit allen Beteiligten ist der Schlüssel zum Erfolg.*
- *Bedenken Sie, was Sie beim letzten Umzug gestresst hat, und lernen Sie daraus für den jetzigen Umzug.*
- *Ist ein Partner mit von der Partie, planen Sie gemeinsam und verteilen die Aufgaben den Präferenzen entsprechend.*
- *Sind Kinder dabei, überlegen Sie, wie Sie diese in den Entscheidungsprozessen altersentsprechend beteiligen können.*
- *Verabschieden Sie sich sauber und gut, auch wenn es nicht leicht ist.*

2. Umzug – im Chaos bin ich König?

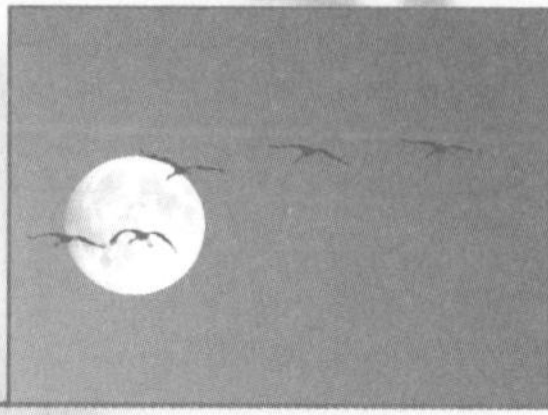

Je nachdem, wann genau Sie Ihre Zelte abbrechen, den letzten Arbeitstag haben, dann in den Flieger steigen und in der „Heimat" den neuen Job anfangen, kann sich diese Übergangsphase auf unbestimmte Zeit hinstrecken. Aber was genau passiert in der Zeit zwischen dem Ende des Auslandsaufenthalts und dem Wiederbeginn zu Hause?

2.1 Verlust von Status

Im letzten Kapitel haben Sie gesehen, dass die Kollegen normalerweise anfangen, ohne Sie zu planen, wenn sie erfahren, dass Sie gehen. An der neuen (wenn auch evtl. im alten Unternehmen befindlichen) Arbeitsstelle im Heimatland haben Sie Ihren Posten noch nicht eingenommen. Dadurch hängen Sie irgendwie im luftleeren Raum. Statuslos sozusagen. Das verwirrt, verunsichert, Sie kennen sich nicht mehr aus.

Ambivalenz
Die Situation ist für Sie ambivalent. Einerseits ist es gut, wenn Sie sich so viel Zeit wie möglich lassen zwischen dem Ende des bisherigen Jobs und dem Beginn des neuen. Denn es gibt einfach so viel zu erledigen. Der Umzug ist enorm anstrengend und kostet Sie höchstwahrscheinlich sehr viel Kraft. Das Packen braucht seine Zeit, die Abschiede und das Willkommen bei Familie und Freunden usw. genauso. Andererseits, wie es in einem Sprichwort heißt: „Lang hingezogene Hoffnung macht das Herz krank." Wenn diese Phase zwischen bisherigem und neuem Job meh-

rere Monate andauert, dann verunsichert das unter Umständen auch sehr. Es ist nicht wirklich möglich, neue Strukturen aufzubauen, die Ihnen und Ihrer Familie Sicherheit geben. Sie können häufig Ihre Fachkenntnisse nicht mehr und noch nicht einsetzen. Da wir uns häufig auch über das definieren, was wir tun, kann es sein, dass Sie in dieser Situation dann eher konsterniert sind. Sie befinden sich innerlich und äußerlich im Umzugschaos.

Statuslos

Statuslos bedeutet auch, dass der Status, den Sie vor der Umzugsphase hatten, nicht mehr vorhanden ist. Viele Auslandsentsandte tragen im Auslandsengagement eine vielfältigere, oft mit mehr Entscheidungsbefugnis behaftete Aufgabe mit umfassender und vielfältiger Verantwortung. Oft repräsentieren sie dabei ihre Firma und Organisation oder auch ihr Land. Viele Auslandsentsandte genießen zudem in der Gastkultur hohes Ansehen. Sie werden zu Botschaftsempfängen oder zum Honorarkonsul eingeladen. Man kennt sie. Und sie kennen die anderen.

Nun geht es unter Umständen in den Mutterkonzern zurück. Sie müssen vielleicht einen Posten besetzen, der wesentlich weniger Befugnisse hatte als der bisherige im Ausland, anstatt die Karriereleiter noch höher zu erklimmen. Der Statusverlust ist schwer zu ertragen für die meisten Menschen. Selbst wenn die Rückkehr in die Heimat eine berufliche oder finanzielle Verbesserung mit sich bringt, ist die Phase vor dem Neubeginn verwirrend und sehr herausfordernd.

Die Kinder

Im Ausland fielen sie auf, sie waren immer etwas Besonderes. Manche genossen es, dass sie jeden Tag von Mama oder Papa in die Schule gefahren wurden, dass eine Haushaltshilfe sich um das Aufräumen der Schmutzwäsche kümmerte, dass sie keinerlei Aufgaben rund ums Haus wahrnehmen mussten, weil ein Gärtner oder sonstiger Angestellter sich um alles kümmerte. Schon während der Rückreise heißt es, sich umzugewöhnen, und zurück in der „Heimat" gibt es keine Haushaltshilfe mehr. Die Haltestelle für den Schulbus ist zehn Minuten zu Fuß vom Haus entfernt. Auch die Kinder verlieren also ihren Status.

Im Ausland waren Sie immer „etwas Besonderes", „zu Hause" sind Sie noch nicht angekommen und wissen nicht genau, wer und wie Sie sein werden. Sie hängen irgendwie im luftleeren Raum. Statuslos.

2.2 Chaos und Zerrissenheit

Statuslosigkeit verunsichert den Menschen und trägt zum innerlichen Chaos des Heimkehrers bei. Das Chaos von Umzugskartons, Kisten und Kasten wirkt dabei auch nicht beruhigend und vermittelt kein Gefühl der Sicherheit. Alles fühlt sich irgendwie zerrissen an – und das kann auch den inneren Zustand betreffen.

Beziehungschaos

Beziehungen, die einerseits abgeschlossen und andererseits angefangen werden müssen, können ein Chaos aus emotionaler Zerrissenheit hervorrufen. Zunächst fühlen Sie sich irgendwie isoliert, im luftleeren Raum, zwischen den Stühlen, nirgendwo dazugehörig und manchmal ziemlich alleine.

Tipp
Verbringen Sie zum Abschluss, zwischen Abreise und Ankunft, ein paar Tage in einem schönen Hotel. Am besten irgendwo in einem Drittland. Das kann Ruhe in den emotional aufwühlenden Transfer bringen.

Chaos des Unerledigten
Nebenbei beschäftigen Sie 1001 praktische Fragen, viele aktuelle Probleme sind zu lösen:

- Welche Umzugsfirma beauftragen Sie?
- Wo sollen Sie, zurück in der „Heimat", wohnen?
- Wo erhalten Sie ein Fahrzeug, wie werden Sie das alte los?
- Wann genau ist der beste Zeitpunkt zum Verschiffen Ihrer Möbel?
- Wann sollten Sie die Wohnung räumen und in ein Hotel einziehen?
- Welche Schule ist die geeignetste für die Kinder?
- Werden sie schnell Freunde finden?

Checkliste Umzug

3 Monate vorher
✓ Mietvertrag kündigen
✓ Genauen Umzugstermin festlegen
✓ Möbel organisieren: Was wird mitgenommen – was bleibt da/wird verkauft?
✓ Angebote von Umzugsfirmen einholen

- ✓ Ggf. Kündigung von Abos, Mitgliedschaften, Versorgern
- ✓ Bei Umzug mit Kindern: Kinder langsam auf Umzug vorbereiten, Gründe erläutern
- ✓ Neuen/Neue Kindergarten/Schule aussuchen und an-/abmelden
- ✓ Ggf. wichtige Dokumente übersetzen und beglaubigen lassen
- ✓ Bei Umzug mit Tieren über Impfvorschriften/Quarantäne informieren
- ✓ Plan erstellen, was/wer soll noch besucht/eingeladen werden

1 Monat vorher

- ✓ Neue Anschrift Kollegen/Verwandten/Freunden mitteilen
- ✓ Ummelden bei Vertragspartnern (Banken, Versicherungen etc.)
- ✓ Abschiedsparty planen
- ✓ Ggf. eigene Abschiedsparty für Kinder planen

2 Wochen vorher

- ✓ Festgelegte Termine mit Handwerkern bestätigen
- ✓ Energiekostenabrechnung checken
- ✓ Nachsendeantrag beim Postamt stellen (falls möglich)
- ✓ Kartons packen – ggf. Kinder mit einbeziehen – besprechen, was in Reichweite bleiben soll

1 Woche vorher

- ✓ Überlebenskoffer packen (Kleider, Hygieneartikel, Medikamente)
- ✓ Persönliche Unterlagen und wichtige Papiere bereitlegen
- ✓ Pausen einplanen – ggf. Zeit zum Spielen mit Kindern

Chaos und Statuslosigkeit verunsichert und verwirrt, Sie kennen sich nicht mehr aus. Das kann manchmal Angst machen. Akzeptieren Sie es, das ist normal!

2.3 Zukunftssorgen

Mit dem Statusverlust und dem Chaos kommt es häufig zu einer psychologischen Entwicklung, die Angst hervorruft: zu einem Verlust an Selbstwert. Sie sind dann nicht mehr, wer Sie waren, und wissen noch nicht wirklich, wer Sie sein werden. Für die meisten Rückkehrer aus dem Ausland ist es sehr unangenehm, nicht mehr die Kontrolle über sich selbst und die Umstände zu haben. Sie fühlen sich verunsichert.

Emotionale Unstabilität bei Kindern
Emotionale Unstabilität lässt sich bei Kindern leicht erkennen:

- Vermehrtes Schreien oder Weinen
- Rückzug (sie reden weniger als normal)
- Reden und Erzählen (sie reden mehr als normal)
- Aufmüpfiges und rebellisches Verhalten
- Widerspenstigkeit oder Dickköpfigkeit
- Verkrampftes Festhalten an Menschen, Dingen und Orten
- Zurückgehen in der Entwicklungsstufe, z. B. erneutes Bettnässen

Emotionale Unstabilität bei Erwachsenen
Auch bei Erwachsenen können ähnliche Symptomatiken und Entwicklungen auftreten. Ein Ehepaar berichtete davon.

Sie sagte: „*Ich bin aufgekratzt, sehr unruhig, ja ruhelos und schlafe schlecht. Ich merke, wie sich dann Stim-*

mungsschwankungen in mir breitmachen. Dann finde ich es schwierig, alleine zu sein, ohne Freunde und ohne meinen Partner.“

Er berichtete: „*Das Container packen, die logistischen Probleme, der Arbeitsplatz, all das macht mich hektisch, ich habe keinen klaren Kopf mehr, ich schaffe weniger und bin dann blockiert. Ich habe tausend Gedanken im Kopf und kriege dann doch wenig gebacken. Innerlich bin ich angespannt und aktiv, irgendwie werde ich ängstlich.“*

Jeder reagiert anders

Unsere Reaktionen auf den steigenden Stresslevel in diesen Tagen, Wochen und Monaten sind verschieden. Jeder Erwachsene und jedes Kind reagiert anders. Was kann hier helfen?

Erinnern Sie sich an Ihren letzten Umzug oder allgemein an vergangene Umzüge:

- Was fanden Sie dabei am anstrengendsten?
- Wie hat sich das emotional auf Sie ausgewirkt?
- Hat Ihnen etwas Angst gemacht? Was genau?
- Was gibt Ihnen in dieser Situation Sicherheit?
- Was hat Ihnen dabei geholfen, mit dem Stress umzugehen? Was hilft Ihnen generell bei Stress?

Verschiedene Bedürfnisse erkennen

Genau wie unsere Reaktionen auf Stress und Chaos verschieden sind, so sind es auch unsere Bedürfnisse in diesen Situationen. Daher sind Konflikte, neben all dem anderen, vorprogrammiert. Deshalb ist es wichtig, dass wir uns mit unserem Partner und unseren Kindern (altersentsprechend) dann auch darüber austauschen, was die Situation mit uns macht und was unsere Bedürfnisse sind.

Sie sagte: „*Mir hilft dann der Austausch mit anderen und mit meinem Partner und dass ich Zeit finde, mich mit mir selbst auseinanderzusetzen. Wenn ich dann ungeteilte Aufmerksamkeit erhalte, mir zugehört wird, fühle ich mich sicherer, mit meinem Partner verbunden und nicht so alleine. Das macht mich glücklich.*"

Er sagte: „*Mir hilft, wenn ich mich zurückziehen darf, mich erst einmal sortieren kann oder wenn ich dann mal rausgehen, eine Runde joggen kann.*"

Andere berichten davon, dass es ihnen hilft, wenn sie Strukturen schaffen dürfen, ihnen Aufgaben abgenommen werden, die ihnen nicht liegen. Auch gute Planung und das Festhalten von Aufgaben auf Listen wird als hilfreich empfunden. Wichtig ist auch, dass die Partner voneinander wissen, wie es ihnen ergeht, woran sie sind und was sie beschäftigt.

Tipp für Paare und Familien
Fragen Sie Ihren Partner und Ihre Kinder: „Wie kann ich dich am besten unterstützen?"
Die Umzugszeit birgt das Potenzial, als Chaos- und Streitzeit in Ihre Familiengeschichte einzugehen, die Sie so schnell wie möglich vergessen wollen. Sie hat aber auch das Potenzial, zu einem besonderen Familienschatz zu werden, zu etwas, was Sie verbindet. Das wird Ihnen dann

zu einer Kraftquelle für Beruf und Alltagsaufgaben und zu etwas, woran Sie miteinander auch in zehn Jahren noch gerne zurückdenken.

Umzugszeiten stressen uns. Wir verlieren das, was lange Zeit gewohnt und sicher war. Unsere Reaktionen im Umzugsstress und unsere Bedürfnisse sind verschieden. Gute Zeiten mit Freunden oder mit dem Partner und den Kindern füllen Ihren Tank auf und helfen Ihnen, gut durch die Chaoszeit zu kommen. Aber sie kommen nicht automatisch zustande:

- *Alle Beteiligten verlieren ihren Status. Das als normal anzuerkennen bringt paradoxerweise Sicherheit.*
- *„Installieren" Sie ganz bewusst Ruhepausen im Übergang.*
- *Finden Sie heraus, wie Sie sich stärken und aufbauen können.*
- *Wie genau können Sie den Tank auffüllen? Wie oft würde Ihnen das guttun?*

3. Ankunft – Heimat, du hast mich wieder

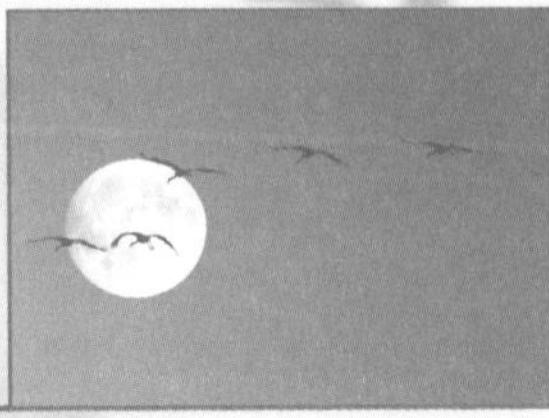

Super, wieder daheim! Am Flughafen werden Sie empfangen. Umarmungen, Willkommensgeschenke, Sie sind der Star, alle freuen sich. Die Familienangehörigen sind sehr nett zu Ihnen. Die Kollegen (alt oder neu) wollen genauso wie die Nachbarn hören, wie es war. Selbst im Chor und Fußballverein zeigen die Menschen Interesse. Doch wie viel Zeit geben sie Ihnen, von all dem, was Sie erlebt haben, zu erzählen? Wer hört wirklich zu? Je nachdem, wo Sie waren, freuen Sie sich über fließend kaltes und warmes Wasser 24 Stunden am Tag, den Strom, die Internetverbindung. Auch das Angebot bei Aldi, Lidl und Co. ist klasse. Davon hätten Sie in ... nur geträumt. Doch wenn die erste Begeisterung verflogen ist, was dann?

3.1 Zehn Überlebenstipps nach der Rückkehr

Die folgenden Empfehlungen sind besonders hilfreich im ersten Jahr nach der Rückkehr:

1. Sich realistische Ziele stecken
Es braucht einfach Zeit, sich wieder einzugewöhnen, besonders wenn Sie länger im Ausland waren. Meistens tendieren Heimkehrer dazu, sich die Ziele zu hoch zu stecken, nach dem Motto: „Hier kennen wir uns ja schließlich aus." Das kann dazu führen, dass sie ständig unter Hochspannung stehen.

2. Sich Zeit zum Beobachten nehmen
Einerseits ist es gut, schnell wieder soziale Kontakte zu knüpfen und sich einzubringen. Andererseits hat

sich vieles verändert. Nehmen Sie sich doch erst einmal Zeit zum Zuschauen.

3. Spaß haben
Sie entdecken neue und alte Dinge, die Ihnen Spaß machen und Ihnen Entspannung bringen. Im Ausland konnten Sie vielleicht nicht Fahrrad fahren oder joggen. Das ist jetzt wieder möglich – hurra!

4. Wir sind nur Menschen
Erinnern Sie sich daran, dass Sie nicht alles hundertprozentig tun können. Denken Sie in dieser Phase daran, dass Sie einen Körper haben, der Schlaf und gutes Essen braucht.

5. Verrückt sein
Sie waren länger weg. Das hat Sie verändert und das ist okay. Sie dürfen ein bisschen exzentrisch wirken und sein.

6. Flexibilität zeigen
Sie haben vielleicht viele Pläne für Ihr Leben „zu Hause" gemacht. Meistens lässt sich nicht alles realisieren. Seien Sie deshalb lieber flexibel und darauf vorbereitet. Die erste Zeit ist eine chaotische Zeit. Das ist normal.

7. Sich selbst nicht zu ernst nehmen
Nehmen Sie sich selbst nicht zu ernst: Bei allem Bemühen, sich schnell wieder anzupassen, werden Sie in manche Fettnäpfchen treten. Da dürfen Sie auch mal über sich selbst lachen.

8. Geduld haben

Die Daheimgebliebenen verstehen Sie und Ihre exotischen Erfahrungen meist nicht. Umgekehrt verstehen Sie die anderen oft nicht. Sie brauchen hier Geduld und Feingefühl. Wenn Sie Interesse am Leben der Daheimgebliebenen zeigen, fällt Ihnen der Einstieg leichter.

9. Vergebung üben

Wenn Sie aus Ihrem Unverständnis heraus einen Fehler gemacht haben, verzeihen Sie sich selbst. Umgekehrt sollten Sie auch Ihrem Partner oder Ihren Kindern verzeihen, wenn diese für eine Unstimmigkeit verantwortlich sind. Am Wochenende können Sie sich über die Missgeschicke und Fettnäpfchen der vergangenen Woche austauschen. Bei Popcorn und Chips dürfen Sie entspannt und herzhaft darüber lachen.

10. Dankbarkeit und Ermutigung zeigen

Einander Danke zu sagen und sich gegenseitig zu ermutigen wirkt wie eine Vitaminkur, auch im Re-Entry.

Tipp

Suchen Sie bald nach der Rückkehr einen Arzt auf und lassen Sie sich gründlich untersuchen. Manchmal bringen wir unbemerkt Erkrankungen aus dem Ausland mit.

Die Re-Integration nach der Rückkehr aus dem Ausland dauert lange. Lassen Sie sich Zeit, lachen Sie über sich selbst, stecken Sie gerade am Anfang Ihre Ziele weniger hoch.

3.2 Herausforderungen für Kinder und Jugendliche

Kindern fällt die Rückkehr oft am schwersten, denn die „Heimat“ der Eltern ist nicht unbedingt die „Heimat“ der Kinder. Wenn die Kinder bei der Ausreise noch nicht geboren waren und ihr gesamtes Leben oder einen bedeutenden Teil ihres Lebens im Ausland verbracht haben, dann ist ihnen das Ausland zur Heimat geworden. Die Heimat der Eltern ist für sie ein Urlaubsort, vielleicht der Ort, wo Oma und Opa wohnen, aber nicht ihre Heimat. Das ist unbedingt zu bedenken. Je älter die Kinder bei der Rückkehr sind und je länger man im Ausland gelebt hat, desto herausfordernder und schwieriger ist meist die Rückkehr.

Tipp
Schauen Sie öfter mal gemeinsam Fernsehen. Tauschen Sie sich anschließend über die Redensarten, Witze, Kleidung und den Umgang der Menschen miteinander aus.

Gruppendruck bei Teenagern
Das Teenageralter ist eine chaotische Zeit. Bis zum Alter von zwölf Jahren ist das Kind häufig noch sehr auf die Eltern angewiesen. Ab 13 oder 14 Jahren bedeuten dem Jugendlichen die Freunde alles. Der Druck der „Peergroup“ ist häufig hoch. Man definiert sich oder wird definiert über die Kleidung, die man trägt, die Musik, die man hört, die TV-Sendungen, die man anschaut, usw. Das sollten Sie als Eltern bei der Rückkehr und schon vorher unbedingt im Auge haben. Das Internet, Zeitschriften sowie Freunde in

der „Heimat“ können hier sehr hilfreich sein – und das einfache Beobachten.

Anfällig für Depressionen
Aufgrund der wichtigen Rolle, die Freunde im Alter von 13-15 Jahren spielen, scheint diese Zeit die gefährlichste für einen größeren Umzug von einer Kultur in eine andere zu sein. Die Anfälligkeit für Depressionen ist in dieser Gruppe besonders hoch. Normalerweise versuchen Jugendliche in diesem Alter, drei Dinge zu erreichen:

1. Abtrennung und Individualisierung
2. Finden einer eigenen Identität
3. Entwickeln eines eigenen und reifen Gewissens

Während dieser Zeit ist es für den Teenager besonders wichtig, ein stabiles Zuhause zu haben, von dem er jederzeit ausbrechen darf, um Dinge auszuprobieren und um dann wieder an diesen sicheren Ort zurückzukehren. In dieser Phase kann sich die Reaktion des Jugendlichen auf Stress in ein Flüchten in Fantasien, in Rückzug oder auch in Rebellion äußern. Im Extremfall kann ein Teenager dann auch sehr destruktiv oder gar straffällig werden.

Burn-out und Depressionen
Bei aus dem Ausland heimkehrenden Kindern, Jugendlichen und Erwachsenen sind Burn-out und Depressionen keine seltene Erscheinung, aber sie können meist verhindert werden, wenn Folgendes gegeben ist:

1. Sie dürfen emotional „abladen“. Voraussetzung dafür ist, dass Sie spüren, wie es Ihnen geht, und Sie nicht zulassen, dass sich Spannungen in zwischenmenschlichen Beziehungen häufen.
2. Sie lernen, Nein zu sagen.
3. Sie sind aufmerksam gegenüber Ihren eigenen Gefühlen, insbesondere Gefühlen von Verzweiflung und Angst.
4. Sie essen regelmäßig und gesund.
5. Sie nehmen sich Zeit für Gemeinschaft und Beziehungen zu Menschen, die Ihnen wichtig sind. Sie können entspannt lachen. „Ein frohes Herz ist die beste Medizin.“
6. Sie nehmen sich regelmäßig Zeit für Sport und Bewegung. Durch Bewegung werden im Körper Stoffe freigesetzt, die Sie innerlich „aufhellen“.
7. Sie schlafen genug.
8. Andacht: Sie halten regelmäßig an und richten sich neu auf Ihre wahren Ziele aus. Dazu können auch Gebet, Einkehr oder der Besuch eines Gottesdienstes zählen.

Für Kinder und Jugendliche ist die Rückkehr in die Heimat oft am schwierigsten. Die Heimat der Eltern ist meist nicht die Heimat der Kinder. Akzeptieren Sie das und erlauben Sie Zeit und Traurigkeit. Und hören Sie zu!

3.3 Kulturstress bei der Rückkehr

Den meisten Menschen ist bekannt, dass es bei der Auslandsentsendung zu Kulturstress kommt. Doch die wenigsten sind darauf gefasst, dass dies bei der Rückkehr auch passieren kann.

Die Stresstabelle von Thomas H. Holmes (siehe unten) illustriert hervorragend, mit welchen Herausforderungen wir es bei einer Entsendung ins Ausland zu tun haben. Holmes Forschungen belegen, dass bei einer Akkumulation von mehr als 300 Punkten innerhalb eines Jahres eine bis zu 80-prozentige Chance besteht, innerhalb des Folgejahres ernsthaft zu erkranken (physisch oder psychisch).

Folgenden Stressfaktoren ist der Mitarbeiter bei der Auslandsentsendung mit größter Wahrscheinlichkeit ausgesetzt:

Aktivität	**Stresspunkte**
Veränderung der Arbeit	36
Veränderung der Lebensbedingungen	25
Veränderung der persönlichen Angewohnheiten	24
Veränderung der Arbeitsstunden	20
Veränderung des Wohnortes	20
Veränderung der Freizeitbeschäftigungen	19
Veränderung der sozialen Aktivitäten	18
Veränderung der Familienaktivitäten	15
Veränderung der Ernährungsgewohnheiten	15
Veränderung der Sprache	50
Veränderung der finanziellen Verhältnisse	38
Gesamtpunktzahl	**280**

Darüber hinaus kann es zu folgenden weiteren Stress hervorrufenden Situationen kommen:

Verletzungen oder Unfälle	36
Erkrankungen eines Familienmitgliedes	25
Eheprobleme	24
Sexprobleme	20
Veränderung der Schlafgewohnheiten	20

Tipp
Überlegen Sie einmal, mit welchen der angegebenen Stressfaktoren Sie vermutlich bei der Rückkehr zu tun haben werden!

Bei der Rückkehr in die „Heimat“ muss eine Rückanpassung stattfinden.

Faustregel
Je erfolgreicher Sie im Ausland waren, desto schwieriger ist es bei der Rückkehr.

Der Grund dafür: Wer im Ausland erfolgreich ist, hat sich dort sehr gut angepasst. Das dort gelernte Verhalten passt allerdings zurück in der „Heimat“ nicht mehr ins System.

Sie müssen mit Kulturstress bei der Rückkehr rechnen. Überlegen Sie, welche Faktoren Sie am meisten anstrengen, aufregen und nerven werden und was Sie dagegen tun können.

3.4 Mit Verlusten und Trauer umgehen

Wer kennt es nicht, das bekannte Lied von Simon and Garfunkel? Genau darum geht es: eine Brücke über das durch unseren Umzug in uns aufgewühlte Wasser zu bauen. Das Diagramm zeigt Ihnen, wie Sie das Wasser sicher überqueren können.

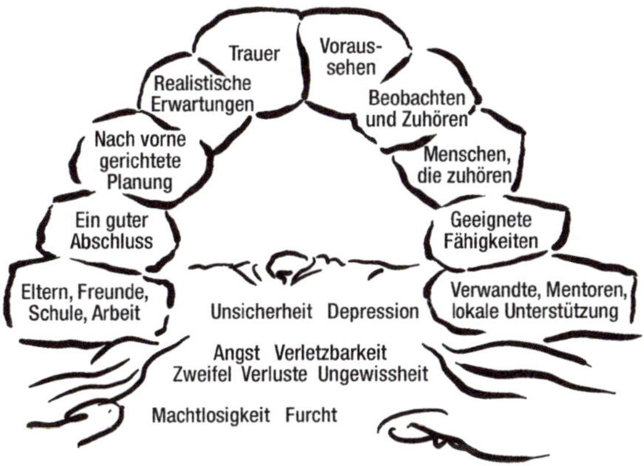

Im Idealfall sind Sie auf der einen Seite der Brücke – im Ausland – sicher und eingebunden, Sie kennen sich aus, sind zufrieden und akzeptiert. Gute und etablierte Beziehungen zu Eltern und Freunden in der Schule, zu Arbeitskollegen und einer Gemeinschaft von Gleichgesinnten bilden den Grundstein für Ihr Leben vor Ort im Ausland.

Jetzt, bedingt durch den Umzug, liegt vor Ihnen ein wilder und reißender Fluss der Unsicherheit, Ungewissheit, Verletzbarkeit und Verluste. Das macht Ihnen vielleicht Angst, Sie zweifeln, fürchten sich, fühlen sich ohnmächtig und sind vielleicht sogar schwermütig. Sie fragen sich, wie Sie das schaffen sollen.

Die Brücke, die Sie über den reißenden Fluss bringt, wird aus einer Reihe von Steinen gebaut: zunächst einmal der Stein eines guten, positiven Abschließens. Wir gehen nicht im Groll, Beziehungen sind geklärt und in Ordnung. Als Nächstes ist da eine nach vorne gerichtete Planung, die Ihnen Perspektive und Mut gibt. Sie informieren sich über die Dinge, die Sie zu erwarten haben, und Sie sind sich der Schwierigkeiten und Chancen bewusst, die sich durch den Umzug ergeben. Gleichzeitig gestehen Sie sich ein, dass es okay ist, traurig zu sein. Weder Sie selbst noch Ihr Partner oder die Kinder müssen die ganze Zeit happy sein. Trauer ist normal und wichtig. Nehmen Sie sich Zeit dafür. Nun schauen Sie voraus. Sie nehmen sich Zeit zum Zuhören und Beobachten. Jemand sagte einst: „Der Herrgott hat uns zwei Augen und zwei Ohren gegeben und einen Mund, und er hat sich was dabei gedacht.“ In den Sprüchen Salomos heißt es: „Wer antwortet, bevor er überhaupt zugehört hat, zeigt seine Dummheit und macht sich lächerlich.“ Gute Beobachtung bei der Rückkehr ist extrem hilfreich. Andererseits ist es wichtig, Menschen zu kennen und zu treffen, die Ihnen zuhören und die verstehen, wie es Ihnen geht. Gute und geeignete Fähigkeiten helfen ebenfalls. Welche Fähigkeiten haben Sie in Ihrem Reisegepäck, die Sie jetzt einsetzen können? Zurück in der „Heimat“ treffen Sie vielleicht Menschen, die Sie unterstützen. Die Firma unterstützt Sie durch ein professionelles Debriefing und Re-Entry-Seminar, und die Vorgesetzten und Kollegen sind verständnisvoll für Ihr Anderssein. Die Verwandten haben sich im Vorfeld über die Dynamiken informiert, die Sie bewegen. Sie sind verständnisvoll und lassen Ihnen Zeit, wirklich wieder anzukommen. So gelingt die Rückkehr und Re-Integration und wird zu einem echten Gewinn für alle Beteiligten.

Ein neuer Arbeitsplatz?
Vielleicht waren Sie von Ihrem Unternehmen für eine Zeit ins Ausland entsandt und können jetzt in den Mutterkonzern zurückkehren. Vielleicht waren Sie aber auch mit einem festen Vertrag auf Zeit mit einer Entsendungsorganisation, evtl. im Entwicklungsdienst, im Ausland. Sie haben nun womöglich den Vertrag erfüllt und jetzt erfolgt die Rückkehr und damit auch die Jobsuche.

Die Stellensuche von Rückkehrern verläuft nicht selten langwierig und schwierig. Nicht immer wird ein interessanter Auslandseinsatz als ein Plus im Lebenslauf angesehen. Wichtig für Sie ist, zu überlegen und zu dokumentieren, was Sie neben den beruflichen Grundqualifikationen im Ausland an Zusatzkompetenzen und Soft Skills erlernt haben. Viele Rückkehrer haben Zusatzkompetenzen im Ausland erworben, können diese aber nicht dokumentieren. Falls das der Fall ist, versuchen Sie im Nachhinein Nachweise, Zertifikate und Ähnliches zu erhalten.

Für Menschen, die im Entwicklungsdienst tätig waren, spielt auch das Image einer solchen Arbeit in der Gesellschaft und bei potenziellen Arbeitgebern eine nicht geringe Rolle. Das gilt besonders, wenn Sie jetzt in die Industrie oder ein wettbewerbsorientiertes Umfeld wechseln wollen. Menschen, die im sogenannten Non-Profit-Bereich tätig waren, werden von Personalchefs, deren Firma auf Gewinn ausgerichtet ist, mit Skepsis beäugt. Machen Sie sich Gedanken darüber, wie Sie Ihre Erfahrung in eine für den gewinnorientierten Markt sinnvolle und ansprechend wirkende Sprache „übersetzen“ können.

Weiter spielt natürlich auch die allgemeine Situation auf dem Arbeitsmarkt sowie Ihr Alter eine Rolle bei der Arbeitssuche. Nicht selten kommt es nach einer Vertragsbeendigung im Ausland zu einer vorübergehenden Arbeitslosigkeit.

Nicht selten führt die Rückkehr aus dem Ausland zu einem Arbeitsplatzwechsel. Stellen Sie sicher, dass Sie sämtliche im Ausland erworbenen Qualifikationen gut dokumentieren und zielgruppengerecht kommunizieren können.

Arbeitslosigkeit

Tatsächlich sind laut einer Untersuchung der Arbeitsgemeinschaft der Entwicklungsdienste aus dem Jahre 2006 über 70 Prozent der Rückkehrer, die im Entwicklungsdienst tätig waren, von Arbeitslosigkeit betroffen. Die durchschnittliche Dauer der Arbeitslosigkeit beträgt zehn Monate.

Eine Arbeitslosigkeit wird in den seltensten Fällen vom Betroffenen als angenehm erlebt. Nach einer Rückkehr aus dem Ausland kann sie für Sie aber auch eine Chance darstellen. Erstens gibt Sie Ihnen Zeit, sich zu orientieren. Sie müssen nicht sofort nach Ankunft in der „Heimat" loslegen, ohne Zeit zu haben, erst einmal zu sich selbst zu finden. Sie können, dürfen und sollten sich im Falle einer Arbeitslosigkeit Zeit nehmen, um zu erkennen, wie lebt, spricht, verhält man sich in Deutschland eigentlich? Gerade wenn Sie längere Zeit im Ausland waren, gibt es hier zwischen Ihrem eigenen Verhalten und dem der „Daheimgebliebenen" häufig Diskrepanzen. Zweitens können Sie in dieser Zeit weitere Kompetenzen erwerben. Drittens können Sie auch Kenntnisse und Fähigkeiten, die Sie im Ausland vielleicht angefangen haben zu erlernen, „zuschnüren" und vervollständigen. So, wie oben beschrieben, dass es für einen künftigen Arbeitgeber Sinn macht. Und viertens, nutzen Sie die Zeit, um sich noch klarer über Ihre beruflichen Ziele zu werden.

Die allermeisten Rückkehrer verfügen gegenüber dem bundesrepublikanischen Durchschnitt über ein sehr hohes Bildungsniveau. Im Bereich der Entwicklungshilfe haben 79 Prozent einen Hochschulabschluss und 21 Prozent haben ihre berufliche Ausbildung mit der Meister- oder Gesellenprüfung abgeschlossen, fast die Hälfte hat zwei Berufsabschlüsse und 62 Prozent nehmen nach der Rückkehr an Maßnahmen zur beruflichen Weiterbildung teil. Das zeigt die große Lernbereitschaft. Zusammen mit den reflektierten und dokumentierten im Ausland erworbenen Qualifikationen haben Sie somit sehr gute Voraussetzungen, bald einen Arbeitsplatz zu finden, an dem Sie sich einbringen können.

Häufig führt die Rückkehr aus dem Ausland zu einer vorübergehenden Arbeitslosigkeit. Das ist meist unangenehm. Be- und ergreifen Sie diese Zeitfenster als Chance, Begonnenes zu vervollständigen, neue Qualifikationen zu erwerben und sich darüber klar zu werden, was Sie wirklich wollen.

Der Verlust eines guten Jobs mit verschiedensten Privilegien und eines lieb gewordenen Zuhauses ist und darf traurig sein. Ein Verständnis des gesunden Abschiedsprozesses ist enorm wichtig, um durch die damit verbundenen Turbulenzen zu kommen. Setzen Sie sich damit auseinander!

3.5 Wiedersehen mit Kollegen, Familie und Freunden

Sie haben während Ihrer Abwesenheit von zu Hause viel Sympathie und Interesse von den Kollegen, von Freunden und Familie erfahren. Aber jetzt sind Sie plötzlich wieder ganz zurückgekehrt und sind zunächst nicht sicher, wie Sie sich verhalten sollen. Folgende Checkliste hilft Ihnen weiter:

Checkliste

- ✓ Fragen Sie sich: Wer wird mich verstehen können, weil er oder sie durch eine ähnliche Phase gegangen ist? Aufschreiben!
- ✓ Machen Sie sich im Vorfeld Gedanken darüber, wie Ihr Umfeld (Familie, Freunde, Bekannte und Arbeitskolle-

gen) reagieren wird. Werden sie Ihnen 3-5 Minuten Zeit geben, um von Ihren Erlebnissen zu berichten, oder werden sie viel mehr Interesse zeigen?

- ✓ Was sagen Sie den Arbeitskollegen und Leuten, die gar keinen Bezug zu Ihren Erfahrungen haben? Überlegen Sie sich 2-3 Sätze, die die Kollegen verstehen können!
- ✓ Es kann vorkommen, dass Sie als Heimkehrer die Spannung und Begeisterung, welche Sie im Ausland erlebten, zu Hause vermissen. Seien Sie darauf vorbereitet.
- ✓ Unterstützen Sie die guten Dinge, die Kollegen und Freunde während Ihrer Abwesenheit unternommen und entwickelt haben.
- ✓ Lassen Sie sich Zeit beim Wiedereinfinden im Familien-, Freundes- und Kollegenkreis.
- ✓ Nehmen Sie sich nicht zu viel auf einmal vor.
- ✓ Nehmen Sie sich Zeit, anderen zuzuhören.
- ✓ Halten Sie sich an die Regeln und Rituale im Familien-, Freundes- und Kollegenkreis.

Überlegen Sie sich, wer von Ihren Kollegen Sie verstehen wird. Wie lange wird er Ihnen zuhören? Was genau werden Sie sagen?

3.6 Tipps für Vorgesetzte, Kollegen, Verwandte und Freunde

Stellen Sie sich vor, Ihr Kollege (vielleicht auch Verwandter oder Freund) kommt zurück aus dem Ausland. Es kann sein, dass Sie denken: „Der kennt sich ja hier aus, ist ja schließlich sein alter Arbeitsplatz. In ein paar Wochen ist der wieder voll integriert.“ Doch leider funktioniert es nicht so einfach.

Bei der Rückkehr in die „Heimat" erlebt der Rückkehrer im Arbeitsleben häufig einen Verlust an Status und gegebenenfalls an Privilegien: Selbst wenn die Rückkehr mit einer beruflichen Förderung verbunden sein sollte, was jedoch nicht selbstverständlich ist, verliert die eigene Position die Bedeutung, die sie in der fremden Kultur hatte.

Ein Rückkehrer erzählt: *„Ich habe Einladungen bekommen vom Generalkonsul, vom Bürgermeister und so weiter. Man spielte, wenn man es so sagen kann, direkt in einer anderen Liga als in Deutschland."*

Verlust an Autonomie
Vor allem das oft so hohe Maß an Selbstbestimmung und Verantwortung bei Auslandseinsätzen reduziert sich bei der Rückkehr in die „Heimat" in der Regel. Oft bleibt der erworbene Wissens- und Qualifikationszuwachs unberücksichtigt und unerkannt. Daher ist die Wiedereingliederung bei vielen Rückkehrern nicht selten ein frustrierendes Erlebnis mit hohem Konfliktpotenzial.

Re-Integration gelingt nicht automatisch
Für Unternehmen, denen es bei seinen Auslandsentsendungen gerade um die Erhöhung der Ressourcen an internationalen Erfahrungen geht, stellen Re-Integrationsprobleme wichtige Herausforderungen dar. Gelingt es nicht, diese zu lösen, wird der Rückkehrer kaum in der Lage sein, seine gewonnenen Einsichten und Erfahrungen nutzbringend in das Unternehmen oder die Organisation einzubringen. Wenn der Mitar-

beiter dann schließlich aus Frust darüber kündigt, verliert das Unternehmen wertvolle Marktkenntnisse und Kontakte und einen wichtigen Mitarbeiter.

Ein Rückkehrer erzählt: „*Als ich nach acht Jahren im Ausland schließlich zurück in meiner alten Firma war, fragten die Kollegen, die mich noch kannten, zwar, wie es gewesen war, aber mehr als zwei Minuten hatten sie in der Regel nicht, um mir zuzuhören. Sie wollten nicht wirklich wissen, was ich gelernt hatte.*“

Hören Sie zu

Nehmen Sie sich Zeit, dem Auslandsrückkehrer zuzuhören. Manches wird sich vielleicht exotisch anhören. Macht nichts, hören Sie trotzdem zu. Im Ausland war Ihr Kollege/Mitarbeiter wahrscheinlich sehr gefragt und angesehen. Jetzt kann es sein, dass er sich unterbewertet und nicht richtig verstanden fühlt. Fragen Sie sich: Auf welcher Position können wir seine erworbenen Fähigkeiten am besten abrufen? Ihr Rückkehrer hat im Ausland viel gelernt. Seien Sie darauf eingestellt, dass er sein Wissen bei Ihnen in der Firma umsetzen möchte. Wie genau könnte das möglich sein? Wenn er immer wieder englische (gegebenenfalls auch spanische oder anderssprachige) Wörter benutzt, denken Sie nicht, er wolle sich hervortun oder angeben. Dadurch, dass er die meiste Zeit in dieser Sprache kommuniziert hat, fallen ihm manchmal die deutschen Wörter einfach nicht ein. Sprechen Sie mit ihm möglichst detailliert und vor allem offen und ehrlich über gegenseitige Erwartungen.

Rückkehrer fühlen sich alleingelassen

71,6 Prozent der Unternehmen in Deutschland haben kein Programm zur Wiedereingliederung. „Rückkehrer fühlen sich in der Firma oft alleingelassen, ihre beruflichen Erfahrungen werden wenig genutzt", bestätigt Kirsten Nazarkiewicz, Deutschland-Chefin des europäischen Expat-Dienstleisters Net Expat. Die Folge: Frustrierte Rückkehrer kündigen oft. „Unternehmen verlieren so wichtige Know-how-Träger, in die sie teuer investiert haben", warnt Mark Smith, Partner der Wirtschaftsprüfungsgesellschaft Ernst & Young. Im schlimmsten Fall lassen sich die Mitarbeiter nicht wieder integrieren, es droht ein Brain Drain – die Abwanderung von Spitzenkräften. Denn nicht selten ergeht es Heimkehrern wie Peter Groth:

„Mir ist so manches hier fremd geworden, und wenn ich jetzt hierherkomme auf Besuch, dann sehe ich das Land und die Menschen mit anderen Augen. Und wenn ich da irgendwelche Aussagen höre oder Sachen erlebe, wundere ich mich schon stärker als früher. Früher war alles normal für mich, weil ich es nicht anders kannte. Jetzt, hier, fühle ich mich nicht zu Hause, nicht mehr zu Hause, auch wenn es meine Sprache ist, auch wenn ich hier sehr viel schätze und großartig finde und schon auch Heimweh habe, hin und wieder. So habe ich Schwierigkeiten, mir hier jetzt eine Zukunft vorstellen zu können."

Wie Re-Integrationsseminare helfen können

- Re-Integrationsseminare helfen dem Rückkehrer, die gewonnenen Erfahrungen aufzuarbeiten und leichter mit der eigenen Situation umzugehen.

- Sie helfen, den eigenen Qualifikationszuwachs bewusst zu machen und diese neuen Kompetenzen gezielt einzusetzen.
- Sie helfen den Rückkehrern, zu sehen, wie sie von anderen im Unternehmen häufig wahrgenommen werden – und warum.
- Sie verdeutlichen, welche Verhaltensweisen Rückkehrer besser vermeiden sollten, um mit Kollegen und Vorgesetzten besser zurechtzukommen.
- Sie helfen, Bedürfnisse und Erwartungen mit den künftigen Möglichkeiten im Unternehmen in Übereinstimmung zu bringen.
- Sie verdeutlichen auch, welche Erfahrungen und Erlebnisse die „private" Re-Integration erschweren. Dabei müssen die Mitausreisenden einbezogen werden.

Tipps für Verwandte und Freunde

Seien Sie darauf gefasst, dass Ihr Heimkehrer unter der Zeitverschiebung leidet. Er braucht eine Weile, um sich wieder umzustellen. Normalerweise braucht der menschliche Körper pro Stunde Zeitunterschied einen Tag. Ihr Heimkehrer hat sich durch seinen Auslandsaufenthalt verändert. Die Erfahrungen in einer anderen Kultur haben Spuren hinterlassen. Je intensiver man sich mit den Menschen und der Kultur eines Volkes auseinandersetzt und je intensiver die Erlebnisse sind, desto größer und deutlicher können diese Spuren sein. Seien Sie darauf vorbereitet. Ihr Verwandter/Freund mag sich eingesperrt vorkommen. Der Heimkehrer hat im Auslandseinsatz eine Horizonterweiterung erlebt. Er hat gesehen, dass man die Dinge auch anders angehen kann. Nun, zurück in der „Heimat", wo die Dinge eben so getan werden, wie man sie immer schon getan hat, kann er das als eng empfinden und sich eingesperrt vorkommen. Das ist normal. Es ist hilfreich für den Heimkehrer, wenn Sie sich im Vorfeld mit dem Land des Einsatzes beschäftigen.

Geben Sie „Ihrem" Rückkehrer auch Zeit, sich wieder an zu Hause zu gewöhnen, auch an eventuelle Veränderungen im Umfeld. Planen Sie nicht zu viele Dinge für Ihren Heimkehrer. Nach all den Erlebnissen und Eindrücken im Ausland sowie dem Flug nach Hause und der plötzlichen Herausforderung, wieder im Alten und Bekannten zu sein, ist es ganz normal, dass man müde und erschöpft ist.

In einer normalen Konversation ergänzen sich die Aussagen der Teilnehmer. Man bewegt sich auf einer

Ebene. Erzählt der Heimkehrer jedoch von exotischen Erfahrungen, haben Sie als Freund oft nichts zu sagen, was Sie als „gleichwertig“ empfinden. Das kann Sie leicht frustrieren und dazu führen, dass Sie nicht weiter zuhören wollen. Das ist ganz normal. Sie dürfen trotzdem zuhören.

Jetzt sind Sie rein körperlich wieder in der „Heimat“. Das ist mal super, mal zum Weglaufen. Beachten Sie dabei:

- *Bewahren Sie den Humor, verzeihen Sie sich selbst und anderen. Um das zu können, benötigen Sie Erfrischungsoasen.*
- *Jugendliche brauchen in dieser Zeit besondere Unterstützung.*
- *Kulturstress bei der Rückkehr ist normal. Welche Faktoren werden Sie am meisten nerven? Was können Sie tun?*
- *Überlegen Sie sich zwei Sätze, in denen Sie anderen sagen können, was Sie im Ausland gemacht haben.*
- *Erklären Sie Ihren Arbeitskollegen auf verständliche Weise, wie es Ihnen geht und warum Sie vielleicht von manchem keine Ahnung mehr haben.*

4. Re-Integration – wo lege ich mein Ei hin?

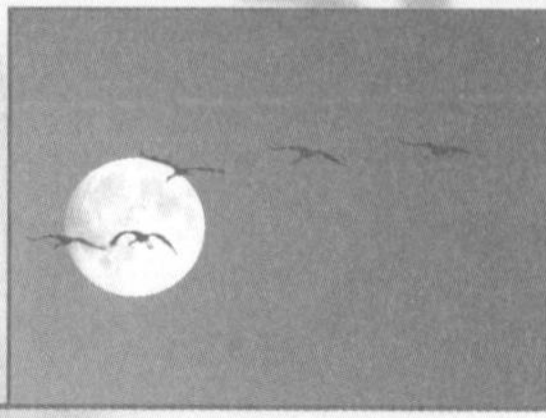

Es ist sehr wahrscheinlich, dass Sie sich nach der Rückkehr früher oder später irgendwie fremd, verloren und am falschen Platz fühlen. Deshalb sollten Sie sich unbedingt Zeit nehmen, anzuhalten, um zu reflektieren und auch auszudrücken, was Sie erlebt haben.

4.1 Wieder in der Heimat: der wichtige Blick zurück

Sie haben im Auslandseinsatz sehr viel erlebt. Diese Erfahrungen können Ihr Leben und Ihre Zukunft bereichern und neue Energien freisetzen. Sie können auch neue Perspektiven eröffnen. Das geschieht aber nicht automatisch.

Wer nicht reflektiert, verliert

Nach Ihrer Rückkehr sind Sie wahrscheinlich versucht, sich so schnell wie möglich in jede Menge Aktivitäten zu stürzen. Tatsächlich stehen einige Dinge an, die Sie erledigen müssen: berufliche Herausforderungen, Behördengänge, Schulumstellung, Verwandtenbesuche etc. Nehmen Sie sich dennoch genügend Zeit zur Reflexion.

Unsere Auslandserfahrung ist vergleichbar mit einer guten und gehaltvollen Mahlzeit. Ein gutes Essen hat den Sinn, Ihnen neue Energie zu geben, die Sie befähigt, die nächste Aufgabe erfolgreich zu bewältigen. Damit das geschehen kann, müssen Sie das Essen gut kauen und verdauen. Wenn die Mahlzeit schnell verschlungen und sofort weitergemacht wird, ist das ungesund. Es kommt zu Blähungen, Aufstoßen, Völlegefühl und Müdigkeit. Das Essen erfüllt nicht mehr seinen Zweck: nämlich Ihnen neue Energie zu geben. Forschungen zeigen, dass ein Aufschreiben und Sprechen über die häufig stressigen Auslandserlebnisse körperlichen Nutzen hat: Unser Immunsystem wird dadurch gestärkt. Wir nennen diese Reflexion Debriefing.

Ein Debriefing dafür, dass …

1. … emotionaler und körperlicher Stress reduziert wird,
2. … einem Burn-out vorgebeugt wird,
3. … der Rückkehr- und Re-Integrationsprozess beschleunigt wird.

Das Debriefing unterstützt Sie darin, durchzuatmen, damit Sie dann mit neuer Energie vorwärtsgehen können.

Zudem hat ein Debriefing folgende Vorteile:

Verbalize/Aussprechen
Ihre Gedanken und Gefühle auszudrücken bringt Klarheit. Während Sie mit einer anderen Person sprechen, hören Sie sich evtl. sogar Dinge sagen, die Ihnen gar nicht bewusst waren.

Normalize/Normalisieren
Es tut gut herauszufinden: Ich bin nicht alleine mit dem, was ich denke und fühle. Dabei ist unerheblich, ob Sie Unterstützung von einer Gruppe finden oder von einer nahestehenden Person. Sie erkennen, dass Ihre Empfindungen, auf die Situation bezogen, normal sind.

Contextualize/Kontextualisieren
Ein gutes Debriefing hilft Ihnen, Ihre Erfahrungen in den Kontext Ihres ganzen Lebens zu stellen, herauszufinden, was Sie in Zukunft tun möchten und was nicht.

Nach der Rückkehr ist Ihnen wahrscheinlich zunächst vieles fremd. Nehmen Sie sich Zeit, mit der Unterstützung eines unabhängigen Re-Entry-Profis über Ihre Zeit im Ausland und den Abschied zu reflektieren!

4.2 Was habe ich mitgebracht?

Aus dem Ausland haben Sie Koffer mitgebracht, vielleicht haben Sie sogar einen Container zurückverschifft. Da kommt so mancher Schatz zum Vorschein:

eine Blumenvase aus China oder ein Sombrero aus Mexiko. Fragen Sie sich doch mal, was Sie an unsichtbaren Schätzen mitgebracht haben.

Was sind Ihre unsichtbaren Schätze?
Eine praktische und kreative Übung hilft Ihnen dabei, zu reflektieren, aufzuschreiben und zu verbalisieren, was Ihnen während der Zeit im Ausland wichtig geworden ist. Anschließend können Sie sich fragen, wie Sie diese „Schätze" in der alten Heimat verwenden und einsetzen können. Manchmal ist es dabei hilfreich, wenn andere nachfragen: „Wie genau stellst du dir das vor?"

Beispiele
Im Bereich persönliche Entwicklung:
- *Englisch gelernt* – ich will weiter Vorträge in Englisch halten.
- *Verständnis für andere Kulturen* – ich möchte mit mehr Wertschätzung auf die Ausländer in meiner Firma zugehen.

Im Bereich Beruf:
- *Erweiterung des Fachwissens/Förderung* – ich will junge Mitarbeiter fördern und unterstützen.
- *Positives Feedback* – ich möchte Kollegen mehr loben als kritisieren.

Im Bereich Familie:
- *Gemeinsame Zeiten* – wir richten einen Familientag ein, nur für uns.
- ...

Tipp für Familien
Nehmen Sie ein großes Blatt Papier und malen Sie den Umriss eines Koffers darauf. Anschließend unterteilen Sie den Koffer in verschiedene Fächer, z. B. Beruf, Familie, persönliche Entwicklung, Partnerschaft. Jedem Fach geben Sie eine andere Farbe. Auf Karten in den entsprechenden Farben dürfen jetzt alle Rückkehrer innerhalb der nächsten 10 Minuten die Dinge/Werte aufschreiben oder -malen, die sie aus ... mitgebracht haben. Anschließend hat jeder die Gelegenheit, sein „Utensil" mit Fotokleber in den „Koffer" zu kleben und dabei zu erläutern, um was genau es sich handelt.
Diese Übung eignet sich für Kinder und Erwachsene gleichermaßen.

Überlegen Sie einmal genau, was Sie außer Andenken aus dem Ausland mitgebracht haben: Fachliches, weltanschauliche Veränderung, Zwischenmenschliches, familiäre Erfahrungen usw.

4.3 Die Dauer der Re-Integration

Je nachdem, wie lange Sie von zu Hause fort waren, dauert Ihre Wiedereingliederung mindestens sechs bis zwölf Monate. Bei einem mehrjährigen Auslandsengagement dauert auch die Re-Integration in der Regel mehrere Jahre. Erst dann können die meisten von uns sagen: „Jetzt bin ich wieder hier zu Hause." Wenn Sie wieder einen Jahreszyklus mit allen Jahreszeiten und Festen miterlebt haben, fühlen Sie sich sicherer und mehr zu Hause.

Dabei spielt es eine Rolle, in welchem Maße Sie Ihre Zelte vor dem Auslandseinsatz abgebrochen haben.

Haben Sie Ihre Wohnung und den Arbeitsplatz aufgegeben? Müssen Sie jetzt nach dem Einsatz zu den Eltern oder anderen Familienangehörigen ziehen? Falls ja, dann ist die Heimkehr eventuell schwieriger.

Die Re-Integration dauert mindestens ein Jahr. Häufig mehrere Jahre, wenn der Auslandsaufenthalt selbst mehrere Jahre andauerte.

4.4 Phasen der Wiedereingliederung

Die meisten Rückkehrer durchlaufen verschiedene Phasen bei der Rückkehr und Re-Integration.

1. Touristenphase

Besonders wenn Sie in einem Entwicklungsland waren, ist es ein Genuss, wieder fließendes Wasser zu haben und Obst nicht desinfizieren zu müssen. Im Supermarkt gibt es alles, was das Herz begehrt, das Handeln fällt weg, man versteht (fast) alles. Familie und Freunde freuen sich darüber, dass Sie wieder da sind, und bieten Ihnen ihre Hilfe im Alltag an. Sie hören zu, wenn Sie von Ihren Erlebnissen berichten. Sie stehen im Mittelpunkt der Aufmerksamkeit. Leider geht diese Phase irgendwann zu Ende und es folgt:

2. Ernüchterungsphase

Sie stellen fest, dass Sie die Spielregeln nicht mehr kennen, und Sie fühlen sich irgendwie orientierungslos. Haben Sie vor der Ausreise alles in Kisten gepackt, dann beginnt nun eine große Suchaktion. Die Situation kann chaotisch sein. Die Freude, zu Hause zu sein, verschwindet. Frustration setzt ein. Dinge, die Ihnen früher normal vorkamen, erscheinen Ihnen jetzt übertrieben. Sie empfinden die Daheimgebliebenen als engherzig, weil sie mit der Zeit das Interesse an Ihren Erleb-nissen verlieren. Das kann zu Entfremdung führen.

3. Entfremdung

Sie wollen mit diesen „engherzigen“ Leuten nicht wirklich was zu tun haben und ziehen sich zurück. Das Gefühl, am falschen Platz zu sein, wird stärker. Sie fühlen sich einsam. Ihre Freunde fangen an, Sie zu meiden, weil sie fürchten, von Ihren „tollen“ Erfahrungen „überschüttet“ zu werden. Das Gefühl, mit niemandem reden zu können, nimmt in Ihnen zu. Das kann zu Verurteilungen führen.

4. Verurteilungen

Sie verstehen nicht, dass niemand Zeit für Sie hat. Die Menschen in Ihrem Umfeld fühlen sich vielleicht gering geachtet und weniger begabt. Daraufhin beginnen sie, Ihre Gesellschaft zu meiden. Umgekehrt suchen Sie jetzt vermehrt den Kontakt zu Menschen mit ähnlichen Erfahrungen oder zu Menschen aus anderen Kulturen.

5. Rückfall

Von Rückfall darf gesprochen werden, wenn Sie sich einfach in die alten Beschäftigungen stürzen und so tun, als ob Sie nie weg gewesen wären. Denn damit verleugnen Sie die Veränderungen, die in Ihnen stattgefunden haben.

6. Flucht und Zerbruch

Die Entwicklungen, die eine unverarbeitete Heimkehr nach sich ziehen kann, können zu allen möglichen Erkrankungen führen, von körperlichen Symptomen über Schlafstörungen bis hin zu Depressionen. Der Sturm der Gefühle kann einen zerbrechen lassen, sodass schließlich die Perspektive für ein zukünftiges Leben verloren geht und gar Selbstmordgedanken Einzug halten können. Aber so weit muss es wirklich nicht kommen!

Es ist normal, dass Sie, wenn Sie aus dem Ausland zurückkehren, durch die Touristenphase, die Ernüchterungs- und Entfremdungsphase gehen. Aber verurteilen muss keiner. Das ist Ihre Entscheidung.

Sie sind nicht mehr die gleiche Person

Eine gelingende Re-Integration ist durch Ihre Erkenntnis gekennzeichnet, dass Sie sich verändert haben und nie mehr so „zu Hause“ hineinpassen werden wie vor der Ausreise. Gleichzeitig entscheiden Sie sich, Ihre im Ausland erlernten Fähigkeiten und Ihr verändertes Denken in der Gesellschaft und in der Firma einzubringen.

Wie gut und schnell Sie sich zurück in der „Heimat" re-integrieren, hängt von vier Lebensbereichen ab. Diese können auf einer Pyramide in ihrer hierarchischen Reihenfolge abgebildet werden.

Jeder Bereich kann wiederum auf verschiedenen Skalen dargestellt werden. Schauen Sie sich jede Skala genau an. Schätzen Sie Ihr persönliches Wohlergehen ein. Mit einem Kreuz können Sie auf der folgenden Skala markieren, welche der Aussagen (die am linken oder die am rechten Ende der Skala) zutreffender Ihr momentanes Befinden beschreibt.

überfordert::erfüllend

Arbeitsbelastung

einsam::integriert

Soziale Kontakte

krank::gesund

Gesundheit

schwierig:::ermutigend

Familiäre Beziehungen

frustrierend::stärkend

Familiäre Integration

unsicher:::sicher

Kulturelle Fähigkeiten

belastend::verarbeitet

Lebenskrisen

fraglich:::gewiss

Position in der Firma

fordernd:::unterstützend

Beziehungen in der Firma

überlastet::gelassen

Stress-Management

ungut:::gut

Persönliche Angewohnheiten

Nun stellen Sie sich folgende Fragen:

- In welchem Bereich haben Sie die meisten Ressourcen?
- Wie können Sie diese erhalten und stärken?
- Welcher Bereich ist zurzeit am schwächsten?
- Was kann Ihnen helfen, hier positive Veränderungen herbeizuführen?

Wenn Sie in einer Partnerschaft leben, kann jeder von Ihnen die Selbsteinschätzung ausfüllen. Anschließend können Sie miteinander vergleichen und überlegen, was Sie tun können. Auch für Kinder können Sie die Fragen beantworten.

Es ist normal, dass Sie in einer Umbruchphase nicht mit „voller Kraft voraus" leben und arbeiten. Wichtig ist jedoch, dass Sie nicht in mehreren Bereichen gleichzeitig „leerlaufen".

Nach der Rückkehr aus dem Ausland machen Sie verschiedene Phasen durch. Akzeptieren Sie, dass Sie sich verändert haben, und zeigen Sie Offenheit, Interesse und den Willen zur Re-Integration.

4.5 Was wird aus den Kindern?

Kinder, die im Ausland aufgewachsen sind, werden nie genauso sein wie Kinder, die immer nur in einer Kultur gelebt haben. Sie sind Third Culture Kids (TCKs). Und sie bleiben Third Culture Kids.

„Ich bin kein Baum, der fest an einen Ort gepflanzt ist und tiefe Wurzeln schlägt. Ich bin eine Wolke. Eine Wolke besteht aus Wasser. Sie kann verschiedene Formen haben: Einmal am Himmel vom Wind bewegt, manchmal vereinigt mit anderen Wolken. Dann regnet sie nach unten und wird Teil eines Sees. Ein anderes Mal packt sie die Welt als Schneeflocken in Weiß. Das find ich gut!"

So beschreibt sich eine junge Frau, die den größten Teil ihrer Kindheit außerhalb des Heimatlandes ihrer Eltern verbracht hat. Im Elternhaus wuchs sie mit der Kultur der Eltern auf, vor der Haustür aber mit der Kultur des Gastlandes. Sie lernte die Werte und Überzeugungen beider Kulturen kennen und entwickelte daraus eine dritte Kultur. Damit qualifizierte sie sich für den Titel „Third Culture Kid" (TCK) oder „Kind der Dritten Kultur".

„Ein TCK ist eine Person, die einen bedeutenden Teil ihrer Entwicklungsjahre außerhalb der Kultur ihrer Eltern verbracht hat. Ein TCK baut Beziehungen zu allen Kulturen auf, nimmt aber keine davon völlig für sich in Besitz. Zwar werden Elemente aus jeder Kultur in die Lebenserfahrung des TCKs eingegliedert, aber sein Zugehörigkeitsgefühl bezieht sich auf andere Menschen mit ähnlichem Hintergrund."
Nach D. Pollock und R. van Reken

Was bedeutet es praktisch, ein TCK zu sein?

TCKs sind wandlungsfähig wie Chamäleons. In Deutschland gilt es als normal, jemandem bei der Begrüßung die Hand zu reichen und in die Augen zu schauen. In Südostasien ist das nicht normal und unhöflich. Kinder deutscher Eltern, die in Thailand aufwachsen, lernen, beide Verhaltensweisen als normal und richtig anzusehen, gehören aber nicht wirklich einer der beiden Kulturen voll an. Wenn TCKs gefragt werden, wo sie zu Hause sind, können sie das nicht an einem Ort festmachen. Zuhause ist an Beziehungen geknüpft, zumeist da, wo die Familie ist.

A. James beschreibt seine Identität mit dieser dritten Kultur und sein inneres Durcheinander:

„Ich bin ein Wirrwarr von Kulturen.
Einzigartig ich! Ich finde das gut, denn ich verstehe die Reisenden, die Vorübergehenden, die Ausländer, das Heimweh, das kommt. Ich finde das auch schlecht, denn ich werde nicht verstanden von Leuten, die an einem Ort gesät und gewachsen sind. Sie kennen nicht die wahre Bedeutung des Heimwehs, das mich hin und wieder überfällt.
Manchmal verzweifle ich daran, sie zu verstehen.
Ich bin eine Insel und eine UNO. Wer könnte beides in mir erkennen, außer Gott? Einzigartig ich!“

Chancen und die Herausforderungen eines TCKs
Die Herausforderung für ein TCK liegt darin, eigene Wurzeln zu finden und zu definieren. Zuhause wird von ihm immer als „woanders“ oder „weiß nicht“ beschrieben. Third Culture Kids können überall hineinschlüpfen, aber passen nirgendwo richtig hinein. Es sind die Familienbande, die ihnen Stabilität geben. Entscheidungen zu treffen kann eine große Herausforderung für sie sein. Alles, was eine langfristige Hingabe verlangt, ist für sie schwierig.

„Hier, wo ich mich heute befinde, bin ich nur vorübergehend.“ Zu einem festen Niederlassen kommt es bei TCKs selten. Aufgrund der gelebten, normalerweise aber nicht freiwillig gewählten Mobilität sind TCKs anpassungsfähig und selbstbewusst in neuen Situationen. Manche TCKs reagieren aber auch umgekehrt auf die aufgezwungene Mobilität: Sie wollen nie mehr umziehen.

TCKs kennen Leute aus vielen Ländern, mit denen sie ihr Leben eine Zeit lang geteilt haben. Sie selbst und viele ihrer Freunde sind oft umgezogen. Es gab also immer eine hohe Fluktuation im Freundeskreis. Sie entwickeln schnell tiefe Beziehungen. Oberflächlichkeit gehört meist nicht zu ihren Eigenschaften. Es kann aber auch sein, dass sie nicht gerne neue Beziehungen eingehen, aus Angst, sich gleich wieder verabschieden zu müssen. Bei schmerzhaften Verlusten kann es auch passieren, dass sie sehr schnell loslassen. Sie weigern sich, den Schmerz zu fühlen. Aber da, wo der Schmerz ausgeblendet wird, bleibt auch die Fähigkeit, Freude zu empfinden, außen vor.

Abschied zu nehmen gehört zum täglichen Brot der TCKs. Das bedeutet aber nicht, dass es ihnen nicht mehr schwerfällt. Hilfestellungen und gute Nachgespräche (Debriefing) sind notwendig. Kinder, aber auch Erwachsene brauchen Zeit zum Trauern. Da es häufig schmerzhaft ist, jemanden wieder gehen zu lassen, kann es dazu führen, dass TCKs anfangen, niemanden mehr an sich ranzulassen.

TCKs sprechen mindestens zwei Sprachen. Das ist ein Vorteil. Doch stellt sich die Frage nach der Muttersprache. Das ist nicht unbedingt die Sprache der Eltern. In welcher Sprache wird meist gesprochen? Häufig ist es Englisch, weil man auf eine internationale Schule geht; manchmal geht man auch auf eine lokale Schule und spricht zudem noch die Landessprache. Doch was geschieht bei einer Rückkehr ins Heimatland?

TCKs wissen, dass die Welt nicht an der Landesgrenze aufhört. Ihr Horizont ist oft weit größer als der Gleichaltriger. Auch im „Heimatland" wirken sie viel erwachsener.

Kulturen äußern sich in unseren Werten: was wir als normal empfinden, was wir wie sagen, wie wir denken. In TCKs spiegelt sich eine Mischung verschiedener Kulturen. Sie sehen vielleicht deutsch aus, verhalten sich aber thailändisch. Im Heimatland können sie sich häufig nicht mit ihrer Kultur identifizieren. Ein Mädchen sagte: „Die Deutschen sind doof!", und: „Die sind immer so ernst und streng." Sie können nicht nur eine Kultur als die ihre betrachten. Deshalb werden sie im Heimatland als komisch angesehen und sie fühlen sich im Kreise anderer TCKs am wohlsten. TCKs sind bestens für den Marktplatz dieser Welt ausgerüstet.

Kinder, die mehrere Jahre ihres Lebens im Ausland verbringen, sind anders. Das ist bereichernd und sehr herausfordernd.

4.6 Wirklich re-integriert

Die wirkliche Re-Integration ist durch Ihre Erkenntnis gekennzeichnet, dass Sie sich während der Zeit im Ausland verändert haben. Häufig denken Sie nun auch anders. Sie akzeptieren, dass Sie nie mehr so wie früher in Ihre Heimatkultur hineinpassen. Zum selben Zeitpunkt wächst in Ihnen die Bereitschaft, die Daheimgebliebenen zu akzeptieren und wertzuschätzen, auch dann, wenn diese nicht reagieren, wie Sie gehofft hatten.

Wenn Sie diese Einstellung haben, wirkt sich das positiv auf Ihre Beziehungen zu den Daheimgebliebenen aus. Jetzt werden Sie bereit und frei für neue Erlebnisse und neue Begegnungen. Mit Ihren Erfahrungen bringen Sie sich neu in Beruf und Gesellschaft ein. Damit ist die Re-Integration gelungen und beendet.

Die Umstellungen bei der Rückkehr verursachen häufig auch Schmerzen und Trauer. Damit sind sie ein Signal für das Ende eines Abschnittes in unserem Leben. Gleichzeitig sind sie aber auch eine große Chance, das Gelernte in das weitere Leben zu integrieren, und damit der herausfordernde Anfang eines neuen Lebensabschnittes. Es gilt, diese Herausforderung anzunehmen.

Die Re-Integration nach dem Auslandseinsatz gelingt nicht automatisch.

- *Nehmen Sie sich unbedingt Zeit zur Reflexion. Am besten gelingt das mit einem professionellen und neutralen Debriefer.*
- *Fragen Sie sich, was Sie mitgebracht haben.*
- *Machen Sie sich bewusst, dass die Re-Integration ein Prozess ist, der von einer Entscheidung ins Rollen gebracht wird.*
- *Und: Lassen Sie sich Zeit beim Prozess der Re-Integration.*

Die Autoren

Jochen und Christine Schuppener haben mit ihren Kindern acht Jahre im Ausland gelebt. Als Schulungsleiter in England und Südostasien haben sie multinationale Teams auf ihre Einsätze vorbereitet und betreut.

Die Autoren arbeiten freiberuflich für internationale Unternehmen und verschiedene Non-Profit-Organisationen sowie als Dozenten an verschiedenen Bildungseinrichtungen. Ihre Schwerpunkte sind die Personalbetreuung – von der Auslandsvorbereitung bis zur Rückkehr und Re-Integration –, die Familien- und Eheberatung, gerade auch im interkulturellen Kontext, sowie die interdisziplinäre und interkulturelle Teamentwicklung.

www.brueckenbauen.com

Weiterführende Literatur

- Chapman, G.: *Die fünf Sprachen der Liebe – wie Kommunikation in der Ehe gelingt*, Marburg, 2002
- Ellneby, Y.: *Kinder unter Stress – was wir dagegen tun können*, München, 2001
- Hoeksira, E. M.: *Keeping Your Family Close – When Frequent Travel Pulls You Apart*, Wheaton, Illinois, USA, 1998
- Knell, M.: *Families on the Move*, London, United Kingdom, 2001
- Loss, M.: *Culture Shock*, Winona Lake, Indiana, USA, 1983
- Pollock, D., van Reken, R., Pflüger, G.: *Third Culture Kids*, Marburg, 2003
- Roth, M.: *Re-Integration*, Nürnberg, 2003
- Schubert, E.: *What Missionaries Need To Know About Burnout And Depression*, New Castle, Indiana, USA, 1993

Register